# DER ULTIMATIVE LEITFADEN FÜR DEN BESTEN FRUCHTSALAT

# 50 FRISCHE & ERFOLGREICHE REZEPTE

MAXIMILIAN A.

**Alle Rechte vorbehalten.**

**Haftungsausschluss**

Die enthaltenen Informationen sollen als umfassende Sammlung von Strategien dienen, über die der Autor dieses eBooks recherchiert hat. Zusammenfassungen, Strategien, Tipps und Tricks sind nur Empfehlungen des Autors, und das Lesen dieses eBooks garantiert nicht, dass die Ergebnisse genau die Ergebnisse des Autors widerspiegeln. Der Autor des eBooks hat alle zumutbaren Anstrengungen unternommen, um den Lesern des eBooks aktuelle und genaue Informationen bereitzustellen. Der Autor und seine Mitarbeiter haften nicht für unbeabsichtigte Fehler oder Auslassungen, die möglicherweise gefunden werden. Das Material im eBook kann Informationen von Dritten enthalten. Materialien von Drittanbietern enthalten Meinungen, die von ihren Eigentümern geäußert wurden. Daher übernimmt der Autor des eBooks keine Verantwortung oder Haftung für Materialien oder Meinungen Dritter.

# TABLE OF CONTENTS

# EINFÜHRUNG

Obstsalate sind einige der besten gesunden Desserts, die es gibt. Gefüllt mit frischen Früchten und einem leckeren Dressing liebt jeder diesen erfrischenden Genuss. Der Obstsalat ist einfach und kann zu jeder Jahreszeit mit frischen Früchten oder Dosenfrüchten zum Nachtisch oder Abendessen zubereitet werden.

Dieses Buch zeigt Ihnen, wie Sie dieses gesunde Dessert mit dem besten Obstsalat-Dressing und erstaunlichen Fruchtkombinationen genau richtig zubereiten.

**Merkmale eines großartigen Obstsalats**
1. Obst: Das erste, worüber Sie nachdenken müssen, ist natürlich das Obst. Sie können sowohl frisches Obst als auch Dosenobst verwenden, aber wenn Sie viel frisches Obst verwenden, erzielen Sie die besten Ergebnisse.

2. Dressing: Es gibt viele Möglichkeiten, ein Obstsalat-Dressing zuzubereiten! Das Geheimnis eines extra leckeren Salats liegt im Dressing!

3. Kräuter & Nüsse: Egal ob frische Kräuter, Zitrusschalen oder gehackte Nüsse, das gewisse Extra macht die meisten Obstsalate von gut bis großartig.
4. Nehmen Sie sich Zeit: Ihr Salat leidet, wenn Sie sich nicht die Zeit nehmen, Obst abzutropfen, Stiele, Schalen und Kerne zu entfernen und bei Bedarf gründlich zu reinigen.

# TRADITIONELLE FRUCHTSALATE

## 1. Exotischer Obstsalat

Ausbeute: 4 Portionen

Zutat
- 2  reife Mangos, Papayas oder
- 6  Kiwis, -- geschält und geschnitten
- 2  Bananen, -- geschält und geschnitten
- 2 TB Puderzucker
- 2 TB Zitronensaft
- $\frac{1}{2}$ TL Vanilleextrakt
- $\frac{1}{4}$ TL gemahlenes chinesisches 5-Gewürze-Pulver

- ½ Himbeeren
- Ananas
- Puderzucker
- Minzblätter

Zucker, Zitronensaft, Vanille und chinesisches 5-Gewürze-Pulver verquirlen; nach Geschmack anpassen, mehr oder weniger Zutaten hinzufügen. Mangos und Himbeeren dazugeben und vermengen.

Kurz vor dem Servieren Kiwis in einem Kreis am äußeren Rand von jedem der 4 Dessertteller anrichten, einen inneren Kreis aus Bananenscheiben anordnen, die die Kiwis überlappen, und einen Platz in der Mitte des Desserttellers lassen. In die Mitte mazerierte Himbeeren und Mangos geben; mit Puderzucker bestäuben und mit Minzblättern garnieren.

## 2. Festlicher Obstsalat

Ausbeute: 1 Portion

Zutat
- 1 Dose Ananasstücke
- ½ Tasse) Zucker
- 3 Esslöffel Allzweckmehl
- je 1 Ei, leicht geschlagen
- 2 Dosen Mandarinen
- 1 Dose Birnen
- 3 Stück Kiwis
- 2 große  Äpfel
- 1 Tasse Pekannusshälften

Ananas abtropfen lassen, Saft auffangen. Ananas beiseite stellen. Gießen Sie Saft in eine kleine Soßenpfanne; Zucker und Mehl hinzufügen. Zum Kochen bringen. Ei schnell einrühren; kochen, bis sie eingedickt sind. Vom Herd nehmen; cool.

Kühlen. In einer großen Schüssel Ananas, Orangen, Birnen, Kiwi, Äpfel und Pekannüsse mischen. Dressing darüber gießen und gut vermischen. Abdecken und 1 Stunde kalt stellen.

## 3. Asiatischer Obstsalat mit Papaya-Minzsauce

Ausbeute: 6 Portionen

Zutat
- $\frac{1}{2}$ große Ananas; geschält, entkernt
- 1 mittel  Papaya; geschält, entkernt
- $\frac{1}{2}$ große Cantaloupe; geschält, entkernt
- 11 Unzen geschälte ganze Litschis in starkem Sirup
- $\frac{1}{2}$ Tasse kernlose rote Trauben; halbiert
- $\frac{1}{2}$ Tasse kernlose grüne Trauben; halbiert

- 1 große Papaya; geschält, entkernt
- 5 Esslöffel Zucker
- 3 Esslöffel frischer Limettensaft
- 1½ Esslöffel frische Minze; grob gehackt

Die ersten 6 Zutaten in einer großen Schüssel mischen.

Früchte in 6 kleine Schalen oder Becher verteilen

Papaya-Minz-Sauce über die Früchte träufeln. Mit Kokos bestreuen. Mit Minze garnieren.

Papaya-Minz-Sauce: Alle Zutaten im Prozessor pürieren, bis sie glatt sind.

In eine Schüssel geben. Bis zur Verwendung abdecken und kühl stellen.

## 4. Heißer Obstsalat

Ausbeute: 6 -8

Zutat
- 1 Dose (15 oz) geschnittene Pfirsiche
- 1 Dose (15 oz) Aprikosen
- 2 Esslöffel    brauner Zucker
- 1 Zitrone und 1 Orange; Rinde von
- 2 Äpfel; geschält, entkernt und in dünne
  Scheiben geschnitten
- 2 reife Bananen; schräg geschnitten

Den Saft der Pfirsiche und Aprikosen mit braunem Zucker und Schwarte mischen. Alle Früchte in eine Kasserolle geben, Saft hinzufügen und bei 180 ° C (350 ° F) 45 Minuten ohne Deckel backen. Heiß oder kalt mit Eis, Sahne oder pur servieren.

## 5. Mango-Avocado-Salat mit Macadamias

### Ergibt 4 Portionen

- 1 feste reife Mango, geschält, entkernt
- 2 reife Hass-Avocados, entkernt, geschält
- 2 Esslöffel frischer Limettensaft
- 2 Teelöffel Agavennektar
- $^1/4$ Tassen zerkleinerte Macadamianüsse
- 1 Esslöffel frische Granatapfelkerne
- 1 Esslöffel frische Minze oder Korianderblätter

In einer großen Schüssel Mango und Avocado vermischen.

Limettensaft und Agavennektar dazugeben und vorsichtig schwenken, um die Früchte zu überziehen. Mit Macadamias, Granatapfelkernen und Minzblättern bestreuen. Sofort servieren.

## 6. Flammender Sonnenuntergangssalat

### Ergibt 4 bis 6 Portionen

- 2 Esslöffel Zitronensaft
- 2 Esslöffel Agavennektar
- 1 Golden Delicious Apfel, ungeschält, entkernt
- 1 Banane, in 1/4-Zoll-Scheiben geschnitten
- Pfirsich oder Nektarine, halbiert, entkernt
- 1 Tasse entkernte frische Kirschen

In einer großen Schüssel Zitronensaft und Agavennektar unter Rühren vermischen. Apfel, Orange, Banane, Pfirsich und Kirschen hinzufügen. Vorsichtig umrühren, um zu kombinieren und zu servieren.

## 7. Obstsalat im Winter

**Ergibt 4 Portionen**

- 2 Esslöffel Walnussöl
- 2 Esslöffel frischer Zitronensaft
- 1 Esslöffel Agavennektar
- 1 Fuji, Gala oder Red Delicious Apfel, entkernt
- 1 große Orange, geschält und geschnitten
- 1 Tasse kernlose rote Trauben, halbiert
- 1 kleine Sternfrucht, geschnitten

In einer kleinen Schüssel Walnussöl, Zitronensaft und Agavennektar vermischen. Gut mischen und beiseite stellen.

In einer großen Schüssel Apfel, Birne, Orange, Weintrauben, Sternfrucht und Walnüsse vermischen. Mit Dressing beträufeln, zum Überziehen wenden und servieren.

## 8. Sommerbeeren mit frischer Minze

**Ergibt 4 bis 6 Portionen**

- 2 EL frischer Orangen- oder Ananassaft
- 1 Esslöffel frischer Limettensaft
- 1 Esslöffel Agavennektar
- 2 Teelöffel gehackte frische Minze
- 2 Tassen entkernte frische Kirschen
- 1 Tasse frische Blaubeeren
- 1 Tasse frische Erdbeeren, geschält und halbiert
- $1/2$ Tasse frische Brombeeren oder Himbeeren

In einer kleinen Schüssel Orangensaft,
Limettensaft, Agavennektar und Minze vermischen.
Beiseite legen.

In einer großen Schüssel die Kirschen,
Blaubeeren, Erdbeeren und Brombeeren
mischen. Fügen Sie das Dressing hinzu und
mischen Sie es vorsichtig. Sofort servieren.

## 9. Curryfruchtsalat

**Ergibt 4 bis 6 Portionen**

- $\frac{3}{4}$ Tasse veganer Vanillejoghurt
- $^1/4$ Tassen fein gehacktes Mango-Chutney
- 1 Esslöffel frischer Limettensaft
- 1 Teelöffel mildes Currypulver
- 1 Fuji- oder Gala-Apfel, entkernt und in 1/2-Zoll . geschnitten
- 2 reife Pfirsiche, halbiert und in 1/2-Zoll . geschnitten

- 4 reife schwarze Pflaumen, halbiert und geschnitten
- 1 Tasse rote kernlose Trauben, halbiert
- $1/4$ Tasse ungesüßte geröstete Kokosraspeln
- $1/4$ Tassen geröstete Mandelblättchen

In einer kleinen Schüssel Joghurt, Chutney, Limettensaft und Currypulver vermischen und gut verrühren. Beiseite legen.

In einer großen Schüssel Apfel, Pfirsiche, Pflaumen, Mango, Trauben, Kokosnuss und Mandeln vermischen. Das Dressing hinzufügen, vorsichtig schwenken, um es zu beschichten, und servieren.

## 10.  Gegrillter Obstteller

## Ergibt 4 bis 6 Portionen

- $^1/2$ Tasse weißer Traubensaft
- $^1/4$ Tassen Zucker
- 1 Ananas, geschält, entkernt und in 1/2 Zoll . geschnitten
- 2 reife schwarze oder violette Pflaumen, halbiert und entkernt
- 2 reife Pfirsiche, halbiert und entkernt
- 2 reife Bananen, längs halbiert

Den Grill vorheizen. In einem kleinen Topf Traubensaft und Zucker bei mittlerer Hitze unter Rühren erhitzen, bis sich der Zucker aufgelöst hat. Vom Herd nehmen und zum Abkühlen beiseite stellen.

Die Früchte auf den heißen Grill geben und je nach Frucht 2 bis 4 Minuten grillen. Die gegrillten Früchte auf einer Servierplatte anrichten und mit dem Sirup beträufeln. Bei Zimmertemperatur servieren.

## 11.    Obstsalat mit Hitze

**Ergibt 4 Portionen**

- $^1/3$ Tasse Ananassaft
- 2 Esslöffel frischer Limettensaft
- 1 Esslöffel Agavennektar
- Gemahlener Cayenne-Pfeffer
- 1 Nabelorange, geschält und in 2,5 cm große Würfel geschnitten
- 1 reife Birne, entkernt und in 2,5 cm große Würfel geschnitten
- 1 reife Banane, in 1/4-Zoll-Scheiben geschnitten

- 11/2 Tassen frische oder konservierte Ananasstücke
- 2 Esslöffel gesüßte getrocknete Cranberries
- 2 Esslöffel geschälte Kürbiskerne (Pepitas)
- 1 Esslöffel gehackte frische Minze

In einer großen Schüssel Ananassaft, Limettensaft, Agavennektar und Cayennepfeffer nach Geschmack mischen und gut verrühren.

Orange, Birne, Banane und Ananas hinzufügen. Vorsichtig vermischen, mit Preiselbeeren, Kürbiskernen und Minze bestreuen und servieren.

## 12.     Erdbeere, Mango & Ananas

**Ergibt 4 Portionen**

- 2 Tassen frische oder gewürfelte Ananas aus der Dose
- 1 Mango, geschält, entkernt und in 1/2 Zoll . geschnitten
- 2 Tassen dünn geschnittene geschälte frische Erdbeeren
- 1 reife Banane
- 1/4 Tasse frischer Orangensaft
- 2 Esslöffel frischer Limettensaft
- 1 Esslöffel Zucker

In einer großen Schüssel Ananas, Mango und Erdbeeren vermischen. Beiseite legen.

In einem Mixer oder einer Küchenmaschine die Banane mit dem reservierten Ananassaft, Orangensaft, Limettensaft und Zucker pürieren. Das Dressing über die Früchte gießen, vorsichtig vermischen und servieren.

## 13.    Kirschbeeren-Wassermelonen-Salat

**Ergibt 4 bis 6 Portionen**

- $1/3$ Tasse frischer Orangensaft
- 1 Esslöffel frischer Limettensaft
- 1 Teelöffel reiner Vanilleextrakt
- 1 Teelöffel Zucker
- 4 Tassen kernlose Wassermelonenwürfel oder - kugeln
- 2 Tassen entkernte frische Kirschen
- 1 Tasse frische Blaubeeren

In einer großen Schüssel Orangensaft, Limettensaft, Vanille und Zucker vermischen. Wassermelone, Kirschen und Blaubeeren hinzufügen. Vorsichtig schwenken, um zu kombinieren und zu servieren.

## 14.    24 Stunden Obstsalat

Ausbeute: 16 Portionen

**Zutat**

- 2 mittelgroße Dosen Ananas-Leckerbissen
- 6 Unzen  Dose oder Orangensaft, gefroren
- 1 Packung Instant-Zitronenpudding
- 3 Bananen, in Scheiben geschnitten
- 1 Dose Birnen
- $2\frac{1}{2}$ Pfund Dose Aprikosen
- $2\frac{1}{2}$ Pfund Dose Pfirsiche
- 1 Dose Mandarinen, abgetropft

Ananas abgießen und Orangensaft im Ananassaft auflösen. Instant-Pudding, in Scheiben geschnittene Bananen, Birnen, Aprikosen und Pfirsiche (in mundgerechten Größen) unterrühren. Abgetropfte Orangen und Ananas hinzufügen. Mischen und 24 Stunden im Kühlschrank stehen lassen.

## 15.    Herbstlicher Obstsalat

Ausbeute: 8 Portionen

## Zutat

- 2  rote leckere Äpfel
- 1  geschnittene Bananen
- 1  Granny Smith Apfel
- 2  Bartlett Birnen
- $\frac{1}{2}$ Pfund rote Trauben
- $\frac{1}{2}$ c Mandelsplitter – geröstete 1 c Vanillejoghurt
- 1 Teelöffel. Zimt
- $\frac{1}{4}$ TL. gemahlener Ingwer
- $\frac{1}{2}$ TL. Muskatnuss
- 1 TB Apfelwein

Äpfel und Birnen waschen, entkernen, nach Belieben schälen. In 1-Zoll-Stücke schneiden. Bananen $\frac{1}{2}$" dick in Scheiben schneiden. Trauben waschen und halbieren. Früchte und Mandeln in eine Salatschüssel geben. Joghurt mit Gewürzen und Apfelwein mischen.

Über den Obstsalat gießen und umrühren, um die Früchte gleichmäßig zu beschichten. Ausruhen.

## 16.     Cantaloupe-Obstsalat

Ausbeute: 6 Portionen

## Zutat
- je 2 Med. Melonen
- je 1 große Ananas
- 1 Tasse Rosinen
- 1 Tasse frisch geraspelte Kokosnuss
- 1 Tasse fein gehackte Walnüsse
- Je 1 großer Apfel
- 1 Tasse fettarmer Joghurt

Die Melonen in kleine Stücke schneiden und mit allen anderen Früchten und den Walnüssen in einer großen Salatschüssel mischen. Den Joghurt in einzelne Servierschüsseln geben und den Obstsalat verteilen. Umrühren, um zu beschichten und zu essen.

## 17.  Curry-Obstsalat

Ausbeute: 6 Portionen

## Zutat

### SALAT
- 1 kleine Honigmelone
- 1  Frische Ananas
- ½ Orangenpaprika

### DRESSING
- ⅓ Tasse frischer Orangensaft
- 1 Teelöffel Honig
- 1 Teelöffel Körniger Senf
- ½ Teelöffel zubereiteter Meerrettich
- ¼ Teelöffel Currypulver

- Salz und frisch gemahlener Pfeffer

Die Honigmelone halbieren und die Kerne entfernen. In Achtel schneiden und die Schale entfernen. Die Melone in kleine, mundgerechte Stücke schneiden. Entfernen Sie mit einem Edelstahlmesser die Ober- und Unterseite der Ananas, stellen Sie sie dann aufrecht hin und schneiden Sie die äußere Schale ab. Die Ananas von oben nach unten vierteln und das Kerngehäuse entfernen.

Die Ananas in kleine, mundgerechte Stücke schneiden.

In einer Servierschüssel die Früchte und den Orangenpfeffer vermischen. Bis zum Servieren abgedeckt und gekühlt aufbewahren.

In einer kleinen Schüssel Orangensaft, Honig, Senf, Meerrettich, Currypulver sowie Salz und Pfeffer nach Geschmack verrühren. Zum Servieren das Dressing über die Früchte gießen und gut vermengen.

## 18.    Persischer Obstsalat

Ausbeute: 6 Portionen

## Zutat

- 2 kernlose Orangen; geschält und entkernt
- 2 Äpfel; geschält; entkernt
- 2 Bananen; geschnitten
- 2 Tassen entkernte Datteln; gehackt;
- 1 Tasse getrocknete Feigen; gehackt; oder Aprikose

- 1 Tasse Orangensaft
- 1 Tasse Mandeln; gehackt

Obst in eine Servierschüssel geben. Orangensaft über das Obst gießen und vorsichtig mischen. Mit Mandeln oder Kokos garnieren. Vor dem Servieren mehrere Stunden zugedeckt kühl stellen.

## 19.    Fünf Tassen Obstsalat

Ausbeute: 8 Portionen

## Zutat

- 11 Unzen Dose Mandarinen, abgetropft
- $13\frac{1}{2}$ Unzen Dose Ananasstücke, abgetropft
- $\frac{1}{2}$ Tasse Ananassaft
- $1\frac{1}{2}$ Tasse Miniatur-Marshmallows
- 2 Tassen Sauerrahm
- $3\frac{1}{2}$ Unzen    Kokosflocken
- 1 Tasse Trauben/Kirschen zum Garnieren

Alle Zutaten bis auf die Garnitur vermischen und mehrere Stunden oder über Nacht kalt stellen. Auf Salatbechern mit Weintrauben oder Kirschen garniert servieren.

## 20.   Frischer Obstschalensalat

Ausbeute: 10 Portionen

## Zutat

- $\frac{1}{2}$ Pfund Creamette mittlere Schalen; ungekocht
- 1 Karton (8-oz) schlicht fettarmer Joghurt
- $\frac{1}{4}$ Tasse gefrorener Orangensaftkonzentrat
- 1 Dose Saftpackung Ananasstücke; ausgelaugt
- 1 große Orange; geschält, geschnitten und entkernt
- 1 Tasse rote kernlose Trauben; in zwei Hälften schneiden
- 1 Tasse grüne kernlose Trauben
- 1 Apfel; entkernt und gehackt, halbiert

- 1 Banane; geschnitten

Bereiten Sie Creamette Shells nach Packungsanweisung vor; ablassen. In einer kleinen Schüssel Joghurt und Orangensaftkonzentrat verrühren. In einer großen Schüssel die restlichen Zutaten mischen. Joghurtmischung hinzufügen; zu beschichten werfen. Startseite; gründlich kühlen.

Vor dem Servieren vorsichtig schwenken. Reste kühl stellen.

## 21.    Harlekin-Obstsalat

Ausbeute: 4 Portionen

**Zutat**
- 1 mittel   Größe reife Melone
- 125 Gramm Erdbeeren; (4 Unzen)
- 125 Gramm Kernlose grüne oder schwarze
  Trauben;
- 1 Dose Ananasstücke in Natursaft
- 1 Banane
- 2 Orangen
- 1 rotschaliger Essapfel

Melone in eine große Servierschüssel geben. Schneiden Sie alle großen Erdbeeren in Hälften oder Viertel. Zu den Melonenwürfeln geben.

Die Trauben waschen und längs halbieren. In die Servierschüssel geben. Ananasstücke vorsichtig öffnen und mit dem Saft in die Servierschüssel geben.

Die Banane schälen und in 1 cm dicke Scheiben schneiden. Rühren Sie diese Scheiben in die Fruchtmischung.

Apfel waschen und vierteln, Kerngehäuse entfernen und in dicke Scheiben oder Stücke schneiden, unter die Fruchtmasse rühren.

Den Obstsalat zugedeckt 30-60 Minuten in den Kühlschrank stellen.

## 22.    Hurrikan Obstsalat

Ausbeute: 6 Portionen

## Zutat
- 1 Tasse geschnittene Bananen
- 1 Tasse Orangenstücke, frisch geschält
- ½ Tasse geschnittene Erdbeeren
- 1 Tasse frische Ananasstücke
- ½ Tasse geschnittene Kiwis, geschält
- 1 Tasse Naturjoghurt
- 1 Tasse Cantaloupe-Kugeln
- ⅓ Tasse Datteln gehackt
- 2 Esslöffel    Kokosraspeln
- 6  Salatblätter

Alle Zutaten außer der Kokosnuss und dem Salat vermischen. Zugedeckt 1-2 Stunden kalt stellen. Salatblätter auf einem Teller anrichten, die Mischung auf die Salatblätter löffeln und mit der Kokosnuss garnieren.

## 23.    Libanesischer frischer Obstsalat

Ausbeute: 1 Portion

## Zutat

- 1 reife Melone
- ½ Frische Ananas
- 1 bis 2 Orangen
- Apfel, Birne oder Erdbeere
- 2  Reife Bananen

Zubereitung: Melone aus der Schale lösen und würfeln. Ananas in Stücke schneiden. Orangen schälen und in Scheiben schneiden, die weiße Haut entfernen, mit einer Küchenschere in Stücke schneiden. Früchte zusammen werfen.

Wenn das Obst schön reif ist, sorgen die natürlichen Säfte für viel Süße, sodass kein Zucker benötigt wird. Apfel oder Birne würfeln und bei Verwendung von Beeren waschen und schälen. Zur Fruchtmischung geben. Kurz vor dem Servieren die Banane schälen, in Scheiben schneiden und hinzufügen. Gut mischen.

## 24.    Basilikum-Jicama-Obstsalat

Ausbeute: 6 Portionen

## Zutat

- 1 Tasse Trauben, rot, kernlos
- 1 Tasse Trauben, grün, kernlos
- 1 Tasse Cantaloupe, Honigtau oder Mango; gewürfelt
- 1 Tasse Ananasstücke, frisch
- 1 Orange; geschält, in Scheiben geschnitten und geviertelt
- 1 Nektarine; gewürfelt
- $\frac{1}{2}$ Tasse Erdbeeren; halbiert

- $\frac{1}{2}$ Tasse Jicama; geschält, in Streichholzstücke geschnitten
- $\frac{1}{4}$ Tasse Orangensaft
- 1 Esslöffel    Basilikum, frisch; gehackt ODER
- 1 Teelöffel Basilikum, getrocknet; zerquetscht
- Basilikumfedern, optional

In einer mittelgroßen Schüssel alle Zutaten außer Basilikumzweigen mischen; vorsichtig mischen. Zum Servieren mit einem Zweig Basilikum garnieren.

## 25.    Ingwer-Obstsalat

Ausbeute: 8 Portionen

Zutat
- 2  frische Pfirsiche
- 1  ganze melone
- 3 md Pflaumen
- $\frac{1}{2}$ ganze Honigmelone
- $\frac{1}{2}$ Pfund grüne und rote Trauben
- $\frac{1}{2}$ Tasse frischer Limettensaft
- 1 TL Limettenschale
- $\frac{1}{4}$ Tasse Honig
- $\frac{1}{2}$ Tasse kandierte Ingwerwurzel

Bereiten Sie alle Früchte vor, indem Sie sie waschen, nach Belieben schälen, entkernen und in mundgerechte Stücke schneiden. Melonen können nach Wunsch mit einem Melonenballer herausgeschöpft werden.

Kombinieren Sie alle Früchte in einer großen Keramikschüssel.

Limettensaft, Schale, Honig und Ingwer mischen. Über das Obst gießen, werfen und mindestens sechs Stunden marinieren. Gekühlt oder bei Zimmertemperatur servieren.

## 26.   Kräuter-Obstsalat mit Minzsorbet

Ausbeute: 4 Portionen

**Zutat**

- 2  Orangen; geschält und in Scheiben geschnitten
- 1  Grapefruit; geschält und geteilt
- 1 groß    Birne; geschält, entkernt
- 250 Gramm Kernlose Trauben
- 300 Milliliter   Frischer Orangensaft
- 1 Esslöffel gehackter Thymian
- 1 Esslöffel gehackte Zitronenmelisse

- 1 Teelöffel gehackte Minze
- Frische Minzblätter
- 4 Löffel Minzsorbet

Mischen Sie alle Früchte zusammen und gießen Sie den Saft darüber.

Die gehackten Kräuter unterrühren und vor dem Servieren mehrere Stunden kalt stellen.

Jede Portion mit einer Kugel Minzsorbet in der Mitte und nach Belieben etwas Sahne servieren und das Dessert mit ein paar Minzblättern dekorieren.

## 27.  Papaya-Dressing über Obstsalat

Ausbeute: 1 Portion

**Zutat**

- 1  Papaya; geschält, entkernt und in Stücke geschnitten
- ¾ Tasse Papaya-Nektar in Dosen
- 2 Esslöffel Reisweinessig
- 2 Teelöffel frischer Ingwer; Gehackt
- 1 Esslöffel Zucker
- ⅓ Tasse Olivenöl
- Verschiedene frische Früchte; geschnitten

- 1 Bund   Minze; fein gehackt

In einem Mixer Papaya, Nektar, Essig, Ingwer und Zucker mischen und glatt rühren. Bei laufendem Motor Olivenöl in langsamem, stetigem Strom einfüllen, bis es eingearbeitet ist. In eine Schüssel umfüllen, Minze einrühren und bis zur Verwendung abgedeckt in den Kühlschrank stellen.

Über frisches Obst gießen und mit Minzblättern garnieren.

## 28.  Obstsalat mit Orangen-Dressing

ERTRAG: 8 - 10 PORTIONEN

**Zutaten**
**Für das Dressing**
- 1/4 c. Honig
- 1/4 c. frisch gepresster Orangensaft
- Schale von 1 Zitrone

**Für den Salat**
- 1 Pfund Erdbeeren, geschält und geviertelt
- 6 Unzen. Blaubeeren
- 6 Unzen. Himbeeren
- 3 Kiwis, geschält und in Scheiben geschnitten
- 1 Orange, geschält und halbiert

- 2 Äpfel, geschält und gehackt
- 1 Mango, geschält und gehackt
- 2 c. Trauben

**Richtungen**

In einer kleinen Schüssel Honig, Orangensaft und Zitronenschale verrühren. Früchte in eine große Schüssel geben und über das Dressing gießen und vorsichtig vermischen.

Bis zum Servieren kalt stellen

## 29.      Obstsalat mit Jalapeno-Dressing

Ausbeute: 6 Portionen

## Zutat
- ½ klein   Honigmelone
- 1   Reife große Papaya, geschält
- 1 Pint Erdbeeren entstielt und geschält
- 1 Dose Ananasstücke abgetropft

## Jalapeno-Zitrus-Dressing
- ⅓ Tasse Orangensaft
- 3 Esslöffel      Limettensaft
- 3 Esslöffel      Gehackte frische Minze, Basilikum
- 2  Jalapeño-Paprika entkernt, gehackt
- 1 Esslöffel Honig

Samen von Melone schöpfen. Früchte mit Melonenpresse von der Schale lösen oder in Spalten schneiden. Rinde entfernen und in Würfel schneiden. In eine große Schüssel geben.

Früchte und Dressing hinzufügen. Vorsichtig werfen, um zu kombinieren. Sofort servieren oder abgedeckt bis zu 3 Stunden kühl stellen. Mit Minze garnieren.

DRESSING In eine kleine Schüssel geben und gut vermischen

## 30.    Obstsalat mit Kirschvinaigrette

**Ausbeute: 1 Portion**

## Zutat

- 3 Esslöffel getrockneter Kirschessig
- 4 Esslöffel Pflanzenöl
- $\frac{1}{4}$ Teelöffel Salz
- $\frac{1}{4}$ Teelöffel gemahlener schwarzer Pfeffer
- 1 Tasse getrocknete Kirschen
- 1 kleiner Granny Smith Apfel dünn
- 1 kleine Orange geschält und geschnitten
- $\frac{1}{4}$ Tasse ganze gesalzene Cashewkerne
- $1\frac{1}{2}$ Tasse belgische Endivie
- $1\frac{1}{2}$ Tasse Spinat
- $1\frac{1}{2}$ Tasse Boston-Salat

Für das Dressing Essig, Öl, Salz und Pfeffer
verrühren. Grüns auf Servierplatte anrichten;
Kirschen, Früchte und Cashewkerne hinzufügen.
Mit Vinaigrette-Dressing servieren.

Für Vinaigrette: Kombinieren Sie 1 Tasse
getrocknete Kirschen mit 2 Tassen Weißweinessig
in einem Glasbehälter. Abdecken und 2 Tage bei
Zimmertemperatur ziehen lassen.

Nur bis zum Siedepunkt erhitzen, durch ein
Käsetuch abseihen. Abkühlen und in einem dicht
verschlossenen Behälter aufbewahren.

## 31.    Obstsalat mit Mohndressing

Ausbeute: 6 Portionen

## Zutat

- 1 Dose (11-oz) Mandarinen-Segmente; ausgelaugt
- 1 Dose (8-oz) Ananas-Leckerbissen; ausgelaugt
- $1\frac{1}{2}$ Tasse geschnittene Erdbeeren
- $\frac{1}{4}$ Tasse Mohn-Dressing
- Salatblätter

In einer mittelgroßen Schüssel alle Zutaten außer Salatblättern mischen; zu beschichten werfen.

Salat auf einzelnen Salattellern servieren.

## 32. Obstsalat mit Curry-Honigsauce

Ausbeute: 4 Portionen

### Zutat

- 1 reife Mango; geschält und gewürfelt
- 4 Tassen Gehackte frische Ananas
- ¼ Tasse frischer Zitronensaft
- 1 Tasse fettarmer Natur- oder Vanillejoghurt
- 2 Esslöffel Honig
- ¼ Teelöffel Currypulver; (Optional)
- ½ Tasse frische Himbeeren
- ⅓ Tasse geröstete Kokosflocken zum Garnieren

Nur wenige Dinge sind so einfach und erfrischend wie dieser Fruchtsalat aus Mango, Ananas und Himbeeren. Mit einer originellen Honig-Joghurt-Sauce verfeinert mit einem Hauch Currypulver wird das Gute noch besser.

Kombinieren Sie in einer mittelgroßen Schüssel Mango und Ananas. Mit Zitronensaft beträufeln. In einer kleinen Schüssel Joghurt, Honig und Currypulver mischen, falls verwendet. Zum Servieren Obst auf 4 Teller verteilen. Mit Himbeeren und Kokos bestreuen und Joghurtsauce dazu servieren.

# FRUCHTSALAT MIT GEMÜSE

33.      Feldgemüse und Obstsalat

Ausbeute: 1 Portion

**Zutat**
- 2 rote köstliche Äpfel
- 2 Granny-Smith-Äpfel
- 1 Tasse Walnussstücke
- 4  Unze. Texas Ziegenkäse
- Im Laden gekaufte Himbeer-Vinaigrette
- Feldgrüns

Das Feldgrün mit den Walnussstücken vermischen. Schneiden Sie die Äpfel und den Ziegenkäse in dünne Streifen und verteilen Sie sie dann schön auf dem Salat.

Mit Himbeerdressing zu einem köstlich süßen Obstsalat servieren.

Die Äpfel mit Zitronensaft beträufeln, damit sie nicht braun werden.

## 34.    Karotten-, Rosinen- und Obstsalat

Ausbeute: 1 Portion

**Zutat**

- 1 Pfund   Sauber; ganze Karotten
- 1 kleiner bis mittelgroßer Apfel; geviertelt
- $\frac{1}{4}$ frische Ananas; in Stücke schneiden
- 1 Schachtel Rosinen in Snackgröße

Mit einem Entsafter ganze Karotten sowie den Apfel und die Ananas verarbeiten

Kratzen Sie das Fruchtfleisch in eine Rührschüssel und werfen Sie es gut um, um die drei verschiedenen Zutaten zu kombinieren. Die Rosinen dazugeben und dann so viel Saft aus den Zutaten hinzufügen, wie nötig ist, um den Salat anzufeuchten.

Gut durchkühlen lassen und kalt servieren.

## 35.    Orangen- und Feigensalat

**Ergibt 4 Portionen**

- 3 Orangen, geschält und gehackt
- $^1/2$ Tasse grob gehackte frische oder getrocknete Feigen
- $^1/2$ Tasse gehackte Walnüsse
- 3 Esslöffel gesüßte Kokosflocken
- 1 Esslöffel frischer Zitronensaft
- 1 Teelöffel Zucker
- 2 Esslöffel gesüßte getrocknete Kirschen

In einer Schüssel die Orangen, Feigen und Walnüsse vermischen. Kokosnuss, Zitronensaft und Zucker hinzufügen. Zum Kombinieren vorsichtig schwenken. Mit den Kirschen bestreuen und servieren.

## 36.    Gefrorener Fruchtsalat

Ausbeute: 6 Portionen

## Zutat
- 1 Umschlag geschmacksneutrale Gelatine
- $\frac{1}{2}$ Tasse kochendes Wasser
- 16 Unzen Dose Fruchtcocktail in Sirup
- $\frac{1}{2}$ Tasse Mayonnaise oder Miracle Whip
- $2\frac{1}{2}$ Tasse gesüßte Schlagsahne

Tasse Marshmallows gleichzeitig mit der
Schlagsahne unterheben, wenn du magst

Gelatine in kochendem Wasser auflösen. Leicht
abkühlen lassen und dann Fruchtcocktail und
Mayonnaise einrühren. 10 Minuten kalt stellen.
Schlagsahne unterheben.

In eine kleine Kastenform oder Auflaufform füllen
und einfrieren. In Quadrate schneiden oder
schneiden und auf Salat servieren.

## 37.    Obst- und Kohlsalat

Ausbeute: 6 Portionen

## Zutat
- 2 Orangen; zerlegt und unterteilt section
- 2 Äpfel; gehackt
- 2 Tassen Grünkohl; zerfetzt
- 1 Tasse kernlose grüne Trauben
- $\frac{1}{2}$ Tasse Schlagsahne
- 1 Esslöffel Zucker
- 1 Esslöffel Zitronensaft
- $\frac{1}{4}$ Teelöffel Salz
- $\frac{1}{4}$ Tasse Mayonnaise/Salat-Dressing

Orangen, Äpfel, Kohl und Trauben in eine Schüssel geben.

Schlagsahne in einer gekühlten Schüssel steif schlagen. Schlagsahne, Zucker, Zitronensaft und Salz unter die Mayonnaise heben.

In die Fruchtmischung einrühren.

## 38.    Joghurtsalat mit Obst und Gemüse

Ausbeute: 4 Portionen

### Zutat

- 2 Medien Essen von Äpfeln; entkernt und gehackt
- 2 mittelgroße Karotten; geschält, in dünne Scheiben geschnitten
- 1 mittel  Grünes Pfeffer; gesät und gehackt
- 6 Unzen  Frische Ananasstücke oder
- Ananasstücke aus der Dose
- 6 Unzen  Naturjoghurt
- 3 Esslöffel Orangensaft
- 1 Esslöffel Zitronensaft

- Prise Salz
- Zimt; zum Garnieren

Äpfel, Karotten, Paprika und Ananas mischen und gut vermischen.

Joghurt, Orangen- und Zitronensaft und Salz verrühren.

Den Salat in diesem Dressing schwenken, kalt stellen und mit Zimt bestäubt servieren.

## 39.  Obstsalat aus Ananas und Chili

Ausbeute: 1 Portion

## Zutat
- 1 reife Ananas
- 1 ganzer Granatapfel mit Kernen getrennt
- 2 Limetten; Saft von
- 100 Milliliter kaltes Wasser
- 50 Gramm Puderzucker
- 1 fein gehackte rote Chili
- Ein paar abgerissene Blätter frisches Basilikum

In einem kleinen Topf das Wasser und den Zucker zusammen erhitzen, bis sie sich aufgelöst haben.

Vom Herd nehmen und abkühlen lassen.

Gehackte Chili und Granatapfelkerne in die Flüssigkeit geben. In der Zwischenzeit die Ananas schälen und in große Stücke schneiden und mit dem Limettensaft zum Obstsalat geben.

Den Salat in einer Schüssel für ein paar Stunden in den Kühlschrank stellen, damit er kalt wird.

Vor dem Servieren die abgerissenen Basilikumblätter hinzufügen, um dem Obstsalat eine wunderbare Frische zu verleihen.

## 40.    Obst-Honig-Spinatsalat

Ausbeute: 6 Portionen

### Zutat

- 8 Tassen Locker verpackte frische Spinatblätter
- 2 Tassen Cantaloupe-Kugeln
- $1\frac{1}{2}$ Tasse halbierte frische Erdbeeren
- 2 Esslöffel Himbeermarmelade ohne Kerne
- 2 Esslöffel Himbeer-Weißweinessig
- 1 Esslöffel Honig
- 2 Teelöffel Olivenöl
- $\frac{1}{4}$ Tasse gehackte Macadamianüsse

Kombinieren Sie Spinat, Melonenbällchen und Erdbeerhälften in einer großen Schüssel; sanft werfen.

Kombinieren Sie Marmelade und die nächsten 3 Zutaten in einer kleinen Schüssel; mit einem Schneebesen verrühren, bis alles vermischt ist. Die Spinatmischung darüberträufeln und gut vermengen.

Mit Nüssen bestreuen.

## 41.  Salat & Obstsalat

Ausbeute: 14 Portionen

## Zutat
- 3 Dosen Mandarinorange; ausgelaugt
- 3 Grapefruit, rosa; geschält, entkernt
- 6 Salatköpfe; in mundgerechte Stücke gerissen
- $\frac{1}{4}$ Tasse Zwiebel; gehackt
- $\frac{3}{4}$ Tasse Essig, Estragon
- 2 Esslöffel Pflanzenöl
- $2\frac{1}{2}$ Esslöffel Mohn
- 1 Esslöffel Zucker
- 1 Teelöffel Salz
- 1 Teelöffel Trockener Senf
- $\frac{3}{4}$ Tasse Öl, pflanzlich

Kombinieren Sie Mandarinen, Grapefruitstücke und Salat in einer großen Salatschüssel; leicht werfen. Mit Mohn-Dressing servieren.

Mohn-Dressing: Kombinieren Sie die ersten 7 Zutaten im Behälter des elektrischen Mixers; gut mischen. Fügen Sie langsam $\frac{3}{4}$ Tasse Pflanzenöl hinzu und mischen Sie weiter, bis es dickflüssig ist. In ein Glas mit dicht schließendem Deckel füllen und kalt stellen. Vor dem Servieren gut schütteln.

# FRUCHTSALAT MIT HAUPTGERICHTEN

42.    Hühnchen- und Obstsalat

Ausbeute: 4 Portionen

## Zutat

- 1¼ Pfund Hähnchenbrust ohne Knochen, enthäutet und in 1/2-Zoll-Streifen geschnitten
- 2 Esslöffel Butter
- 1 Teelöffel Salz
- ½ Teelöffel Pfeffer
- 2¼ Tasse Erdbeeren, halbiert
- ¾ Tasse Sojasprossen

- 2 Teelöffel gehackter kristallisierter Ingwer
- 1 Teelöffel gemahlener Ingwer
- 1 Esslöffel Basilikumessig
- 1 Esslöffel Sojasauce
- $\frac{1}{8}$ Teelöffel Salz
- $\frac{1}{8}$ Teelöffel Cayennepfeffer
- 2 Esslöffel Olivenöl

Hähnchenstreifen in Butter 8 Minuten anbraten, dabei häufig umrühren. Mit Salz und Pfeffer würzen; aus der Pfanne nehmen und auf Küchenpapier abtropfen lassen. Abkühlen lassen.

Kombinieren Sie Erdbeeren, Sojasprossen, abgekühltes Huhn und gehackten Ingwer in einer Salatschüssel. In einer separaten Schüssel gemahlenen Ingwer, Essig, Sojasauce, Salz und Cayennepfeffer mischen. Öl hinzufügen, Salat vorsichtig mit Dressing vermischen.

Salat abdecken und vor dem Servieren 10 Minuten bei Raumtemperatur ruhen lassen.

## 43.    Hühnchen-, Avocado- und Papayasalat

Ausbeute: 1 Portion

## Zutat

- 6  Hälften ohne Knochen pochiert Hühnerbrust
- 2 geschälte & in dünne Scheiben geschnittene reife Papayas
- 2 geschälte & in dünne Scheiben geschnittene reife Avocados
- 4 Esslöffel frischer Limettensaft
- Fruchtfleisch von 1 reifen Passionsfrucht
- $\frac{1}{2}$ Tasse Pflanzenöl

- Fein geriebene Schale von 1 Limette
- Salz Pfeffer
- 2  3 Esslöffel. Honig
- ½ Tasse grob gehackte Pekannüsse

6 Salatteller mit Salat auslegen. Restliches Fett vom Hühnchen abschneiden.

Hähnchen in mundgerechte Stücke schneiden.

Abwechselnd Hühnchen, Avocado & Papaya auf Tellern

Limettensaft, Fruchtfleisch, Öl, Schale, Salz & Pfeffer & Honig verrühren.

Löffel Dressing über jeden Salat

Mit Pekannüssen bestreuen.

## 44.   Curry-Rindfleisch und Obstsalat

Ausbeute: 4 Portionen

## Zutat

- 12 Unzen Deli Roastbeef; 1/4 Zoll dick in Scheiben geschnitten
- 1 großer Apfel; in 1/2 Zoll Stücke schneiden
- 2 kleine  Pfirsiche; in 1/2 Zoll Stücke
- $\frac{3}{4}$ Tasse gehackter Sellerie
- 1  Grüne Zwiebel; geschnitten
- 1 Tasse fettfreier Naturjoghurt
- $1\frac{1}{2}$ Esslöffel gehacktes Chutney
- 1 Teelöffel Currypulver
- Boston- oder Blattsalat
- 2 Esslöffel gehobelte Mandeln

Rindfleischscheiben stapeln; längs halbieren, dann quer in 1½ cm breite Streifen schneiden. Kombinieren Sie in einer großen Schüssel Rindfleisch, Apfel, Nektarinen, Sellerie und Frühlingszwiebeln.

In einer kleinen Schüssel Joghurt, Chutney und Currypulver gut vermischen.

Zur Rindfleischmischung geben und zum Beschichten werfen. Abdecken und mindestens eine Stunde kühl stellen.

Zum Servieren Salat auf einer Servierplatte anrichten; mit Rindfleischmischung belegen.

Mit Mandeln bestreuen

## 45.    Curry-Truthahn-Obst-Nuss-Salat

Ausbeute: 4 Portionen

**Zutat**
- $\frac{1}{2}$ Tasse Chutney
- 1 Teelöffel Currypulver
- $\frac{1}{2}$ Teelöffel gemahlener Ingwer
- $\frac{1}{3}$ Tasse Naturjoghurt
- $2\frac{1}{2}$ Tasse Truthahn; gekocht, zerkleinert
- 1 große Papaya; halbiert, entkernt, geschält & in Scheiben geschnitten
- 3  Kiwi; schälen, längs halbieren
- $\frac{1}{4}$ Tasse blanchierte Mandelblättchen; getoastet
- Frische Spinatblätter; Stiel waschen, gut abgetropft

- 4 Tortilla-Salatschalen

Chutney, Currypulver und Ingwer in einem kleinen Topf verrühren. Bei mittlerer Hitze zum Kochen bringen. Kochen, gelegentlich umrühren, 2-3 Minuten

Leicht abkühlen. Joghurt einrühren. Dressing in eine große Schüssel geben; Truthahn hinzufügen.

Mehrere Stunden kühl stellen. Tortilla-Salatschalen wie auf der Packung angegeben backen. Papaya, Kiwi und Mandeln zur Truthahnmischung geben. Ausgekühlte Tortilla-Schalen mit Spinatblättern auslegen. Füllen Sie jede Schale mit Putenmischung.

Sofort servieren.

## 46.    Obst- und Garnelensalat

Ausbeute: 4 Portionen

## Zutat

- 2 Tassen verschiedene Früchte in Scheiben geschnitten
- 2 Esslöffel Öl
- 1 Schalotte, in dünne Scheiben geschnitten
- 3 Knoblauchzehen, in dünne Scheiben geschnitten
- Saft einer Limette
- 1 Teelöffel koscheres Salz
- 1 Teelöffel Zucker, oder nach Geschmack
- $\frac{1}{4}$ Tasse gekochte Garnelen
- 2 Esslöffel gehackte geröstete Erdnüsse

- 1 Frische rote Chili, entkernt und fein gerieben

Früchte in mundgerechte Stücke schneiden. Wenn Sie Pomelo verwenden, schälen Sie einzelne Abschnitte und brechen Sie sie in Körner von etwa der Größe eines Traubenkerns. Wenn Trauben Samen enthalten, spalten und entkernen Sie sie. Apfel- oder Birnenscheiben in etwas Zitrussaft geben, damit sie nicht oxidieren.

In einer kleinen Pfanne oder einem Topf Öl bei schwacher Hitze erhitzen und Schalotten und Knoblauch vorsichtig anbraten, bis sie leicht gebräunt sind. Herausnehmen und auf Küchenpapier abtropfen lassen.

In einer mittelgroßen Schüssel Limettensaft, Salz und Zucker (falls verwendet) vermischen und umrühren, um sich aufzulösen. Früchte, Garnelen und die Hälfte des Knoblauchs und der Schalotte hinzufügen und gleichmäßig mit dem Dressing bestreichen. Abschmecken und gegebenenfalls nachwürzen. In eine Servierschüssel geben und mit restlichem Knoblauch und Schalotten, Erdnüssen und Chili garnieren.

## 47. Geräucherter Truthahnsalat mit Früchten

Ausbeute: 6 Portionen

Zutat
- 6 Unzen Mostaccioli; ungekocht
- 2½ Tasse geräucherte Putenbrust; in Streifen schneiden
- 1½ Tasse Cantaloupe; gewürfelt
- ⅓ Tasse Grüne Zwiebeln; geschnitten
- 1½ Tasse Erdbeeren; geschnitten
- ½ Tasse Mandelsplitter; getoastet
- ⅓ Tasse Zitronensaft

- $\frac{1}{4}$ Tasse Öl
- $\frac{1}{4}$ Tasse Honig
- $\frac{1}{2}$ Teelöffel abgeriebene Zitronenschale

Um Mandeln zu rösten, verteilen Sie Nüsse auf einem Backblech; 5-10 Minuten bei 350~ backen oder bis sie goldbraun sind, dabei gelegentlich umrühren.

Mostaccioli wie auf der Packung angegeben bis zum gewünschten Gargrad kochen. Ablassen; mit kaltem Wasser abspülen. Kombinieren Sie in einer großen Schüssel alle Salatzutaten außer Erdbeeren und Nüssen; werfen. In einem Glas mit dicht schließendem Deckel alle Dressing-Zutaten mischen; gut schütteln. Über den Salat gießen; zu beschichten werfen. Startseite; 1-2 Stunden in den Kühlschrank stellen, um die Aromen zu mischen, gelegentlich umrühren. Kurz vor dem Servieren Erdbeeren und Mandeln vorsichtig unterrühren.

## 48. Schichtsalat mit Obst und Garnelen

Ausbeute: 4 Portionen

Zutat
- 1 reife Galia-Melone; geviertelt und Samen
- 1 große reife Mango; geschält und in Scheiben geschnitten
- 200 Gramm extra große Garnelen; aufgetaut
- 4 Esslöffel griechischer Naturjoghurt
- 1 Esslöffel Tomaten- oder sonnengetrocknetes Tomatenpüree
- 2 Esslöffel Milch
- Salz und frisch gemahlener schwarzer Pfeffer
- 2 Esslöffel frisch gehackter Koriander

Das Fruchtfleisch der Melonenviertel in einem Stück entfernen und der Breite nach in 4-5 Scheiben schneiden. Die Melone mit der in Scheiben geschnittenen Mango zu einem Halbkreis auf vier Tellern schichten.

Teilen Sie die Garnelen in jeden Halbkreis der Früchte.

Die Zutaten für das Dressing vermischen und über eine Seite der Früchte gießen, um ein schönes Muster zu bilden. Mit Koriander bestreuen und bis zum Bedarf kalt stellen.

## 49.    Geräuchertes Hühnchen und

## exotische Früchte

Ausbeute: 1 Portion

Zutat
- 1 geräuchertes Huhn
- 1 Papayahaut entfernt und gewürfelt
- 1 Mango; Haut entfernt und gewürfelt
- 2  Pflaumentomaten blanchiert; geschält, entkernt
- 3 Frühlingszwiebeln; geschnitten
- $\frac{1}{4}$ Chili; Samen entfernt und fein gehackt
- 2 Esslöffel Chili-Essig
- Creme fraiche
- 2 Esslöffel Koriander; gehackt

- 1 Esslöffel Chiliöl
- 1 Esslöffel Balsamico-Essig

Entfernen Sie alle Haut und Knochen vom Huhn und würfeln Sie. Mango, Papaya, Tomaten, Frühlingszwiebeln, Chili, Essig und etwas Zitronensaft vermischen.

Füllen Sie einen 6 cm großen Ring mit einer Höhe von 2 cm mit der Fruchtmischung.

Das geräucherte Hähnchen mit der Crème fraîche mischen. Darauf einen weiteren cm legen.

In den Ring mischen. Mit Koriander bestreuen und den Ring entfernen. Chiliöl, Balsamico-Essig mischen und darüber träufeln.

## 50.    Cranberry-Obstsalat

Ausbeute: 4 Portionen

## Zutat

- 6 Unzen Packung Himbeergelatine
- 2 Tassen kochendes Wasser
- 16 Unzen kann gelierte Preiselbeersauce
- 8¾ Unze Kann zerdrückte Ananas
- ¾ Tasse frischer Orangensaft
- 1 Esslöffel frischer Zitronensaft

- $\frac{1}{2}$ Tasse gehackte Walnüsse

Gelatine in kochendem Wasser auflösen.
Aufbrechen und Preiselbeersauce, undrainierte
Ananas, Orangensaft, Zitronensaft und Nüsse
unterrühren.

In eine flache Auflaufform gießen. Kalt stellen, bis
sie fest ist.

In Quadrate schneiden und auf Salatblättern mit
Salatdressing servieren.

# FAZIT

Den besten Obstsalat zuzubereiten erfordert ein wenig Planung, aber es ist einfach!

Einen großartigen Obstsalat zuzubereiten funktioniert am besten, wenn Sie ein paar einfache Regeln befolgen und sicherstellen, dass Sie das richtige Obst und das richtige Dressing auswählen, um genau den Obstsalat zu erhalten, den Sie sich wünschen. Jeder kann einen tollen Obstsalat machen!

Lightning Source UK Ltd.
Milton Keynes UK
UKHW020730210621
385887UK00005B/151